AF381353

DEADLINES EINHALTEN

Tipps und Tricks für ein besseres Zeitmanagement

Verfasst von Florence Schandeler

Übersetzt von Julia Buchrieser

Für die Arbeitswelt 50MINUTEN.de

DEADLINES EINHALTEN

- **Ziel:** Prioritäten im Berufsleben setzen und seine Arbeitszeit bestmöglich nutzen
- **Anwendung:** Prioritäten setzen und einen Zeitplan aufstellen, um Aufgaben rechtzeitig zu erledigen. Ziele nicht aus den Augen verlieren, keine Energie mit „das schaffe ich nie" verschwenden, sondern planen und dementsprechend handeln.
- **FAQ:**
  - Wie kann man zeitintensive Gewohnheiten ablegen?
  - Wie kann man seine Aufgaben planen?
  - Wie kann man Prioritäten setzen?
  - Wie kann man seinen Kalender organisieren?
  - Wie schafft man es, nicht immer alles auf den nächsten Tag zu verschieben?
  - Wie kann man richtig delegieren?
  - Wie kann man nach Feierabend abschalten?

Das Internet und die neuen Informationstechnologien beschleunigen das Tempo in Berufs- und Privatleben immer mehr. In der heutigen Gesellschaft sind die Begriffe „Schnelligkeit", „Wettbewerb" und „Stress" allen wohlbekannt. Laptops und Smartphones machen einen Tag und Nacht verfügbar. Die Grenze zwischen Berufs- und Privatleben verschwimmt immer mehr und vielen Menschen gelingt es nicht, eine Grenze zwischen den beiden Bereichen zu ziehen. Ärzte haben zudem festgestellt, dass die Anzahl an Burn-outs stetig steigt.

„Zeit ist Geld" – wie oft hört man diesen Ausdruck, der einen dazu bringt, schneller zu arbeiten und hinter dem Aktenstapel auf seinem Schreibtisch zu verschwinden? Diese Redewendung und die übervernetzte Welt lassen einem keine Zeit, um Abstand zu nehmen, nachzudenken und seine Arbeitsweise infrage zu stellen. Viele haben sich daran gewöhnt, unter Zeitdruck und in dem Bewusstsein, dass sie nie genügend Zeit für alles haben werden, zu arbeiten und verfluchen die Tatsache, dass Tage nur 24 Stunden haben.

Warten Sie nicht länger und vertiefen Sie sich in dieses Booklet, denn Sie brauchen nur 50 Minuten, um über Ihre Arbeitsweise und Ihr Zeitmanagement nachzudenken. Es werden theoretische Modelle vorgestellt, die Licht in das Phänomen des „Zeitmangels" bringen und erklären, warum es wichtig ist, bestimmte Gewohnheiten zu ändern, um Zeit zu gewinnen. Außerdem wird auf die Ausarbeitung eines optimalen Arbeitsplans unter Berücksichtigung der für Ihren Job wichtigen Faktoren näher ein-gegangen. Dieser Guide kann Ihnen Tipps geben, wie Sie Ihre Aufgaben zeitgerecht und effizient erledigen können.

ZEITMANAGEMENT: DIE GRUNDLAGEN

ANALYSE DES PHÄNOMENS „ICH HABE NICHT GENÜGEND ZEIT"

Symptome

> Zum Nachdenken: Die, welche ihre Zeit schlecht anwenden, sind die ersten, welche sich über ihre Kürze beklagen.
> La Bruyère (1645-1688)

Jeder leidet auf seine Weise unter Zeitmangel. Oft beginnt man mit einer Aufgabe und merkt gar nicht, wie die Zeit vergeht oder man rennt den ganzen Tag hin und her, ohne seine Aufgaben abschließen zu können.

- Man arbeitet unter Zeitdruck und hat den Eindruck, sich nicht mit dem Wesentlichen zu beschäftigen.
- Man nimmt eine neue Aufgabe von seinem Vorgesetzten an, ohne zu wissen, ob man sie wirklich erledigen kann.

- Man hat das Gefühl, Zeit zu verlieren, wenn man einem Kollegen hilft, oder hunderte E-Mails beantworten muss.
- Und es wartet noch immer ein ganzer Stapel an Berichten ... Aber was hat man denn den ganzen Tag lang gemacht?
- Also nimmt man die Arbeit mit nachhause, um sie rechtzeitig fertig zu bekommen.

Die Erkenntnis trifft einen wie ein Schlag – man hat nicht genügend Zeit. Es ist eine lapidare Tatsache, dass ein Tag nur 24 Stunden hat und man meist acht bis zehn davon bei der Arbeit verbringt. Mit dieser Realität muss man leben und lernen, sie sich zu eigen zu machen, um einen Nutzen daraus ziehen zu können.

Das Gegenteil anzustreben wäre fatal und kontraproduktiv, denn für jedes Problem gibt es auch eine Lösung. Man muss sich nur ein wenig Zeit nehmen, um darüber nachzudenken. Man sollte immer davon ausgehen, dass für ein stressfreieres und ausgeglicheneres Leben nicht mehr, sondern besser gearbeitet werden muss. Befreien Sie sich vom Zeitdruck und lernen Sie, die Zeit zu beherrschen!

Faktoren für Zeitverluste

Versuchen Sie zu erkennen, welche Elemente viel Zeit in Anspruch nehmen und Sie von Ihren Prioritäten ablenken. Diese entstehen einerseits durch äußere Faktoren, die mit dem jeweiligen sozioprofessionellen Umfeld zu tun haben und andererseits durch innere Faktoren, die der jeweiligen Art zu sein und zu handeln innewohnen.

Sie haben vielleicht den Eindruck, dass vor allem äußere Ereignisse Ihren Arbeitsrhythmus stören und fühlen sich daher nicht dafür verantwortlich. Wenn Sie jedoch genauer darüber nachdenken, werden Sie das Gegenteil feststellen. Machen Sie eine Liste dieser potenziellen Störfaktoren:

Zeitverlust

Äußere Faktoren	Innere Faktoren
Mangel an Informationen über zu erledigende Aufgaben	zu Vorgesetzten und Kollegen nicht „nein" sagen können, wenn man überlastet ist
ein voller Posteingang und ein ständig klingelndes Telefon	Perfektionismus
unvorhergesehene Ereignisse, die täglich bearbeitet werden müssen	zu viel auf einmal gleichzeitig machen wollen führt zu Überlastung
	schlechte Definition der Arbeitsziele
	schlechte Aufgabenorganisation
	Konzentrationsmangel
	mangelnde Selbstdisziplin führt zu Prokrastination
	Gewohnheit des Zappens – man geht von einer Aufgabe zur nächsten über, ohne die angefangene Arbeit vorher zu beenden

ZUSATZINFORMATION: ZAPPEN

VERMEIDEN

- Als launischer, ungeduldiger Zuschauer vor dem Fernseher ist man es gewohnt, zwischen den verschiedenen Sendern hin und her zu zappen – auch im Berufsleben wechselt man oft ständig die Aufgabe oder das Thema, ohne zu beenden, was man vorher begonnen hat.

- Abends, wenn man gemütlich auf dem Sofa liegt, ist es an einem selbst, Entscheidungen zu treffen, den Sender zu wechseln, weil einem das Programm nicht gefällt oder weil man keine Werbung sehen will. Im Gegensatz dazu hat dieses Zappen im Berufsleben eine ganze Reihe von nicht abgeschlossenen Aufgaben zur Folge, die durch den Schneeballeffekt eine Lawine an dringend zu erledigenden Dingen auslösen.
- Einige Lösungsvorschläge dafür sind folgende:
- Wenn Sie eine Aufgabe beginnen, sollten Sie sie auch abschließen.
- Wenn Sie eine Arbeit abgeschlossen haben, sollten Sie die bearbeiteten Dokumente ordnen.
- Sie sollten Ihre Dokumente sortieren und wegwerfen, was nicht aufbewahrt werden muss.
- Wenn Sie eine Information bekommen oder an eine wichtige, zu erledigende Aufgabe denken, sollten Sie sie gleich notieren.

- Wenn Sie Zweifel an der ein oder anderen Information oder Vorgehensweise haben, sollten Sie sofort Fragen dazu stellen.
- Wenn Sie am Ende Ihres Arbeitstages angelangt sind, sollten Sie Ihren Schreibtisch aufräumen und notwendige Dinge für den nächsten Tag vorbereiten.

Wenn Sie äußere Faktoren nicht beeinflussen können, sollten Sie zumindest diesen allgemeinen Hinweis beachten: Versuchen Sie Störungen durch neue Technologien so weit wie möglich zu beschränken. Schließen Sie dafür Ihren Posteingang und schalten Sie Ihr Mobiltelefon aus, um sich möglichst gut konzentrieren zu können – dadurch können Sie viel Zeit gewinnen.

Die inneren Faktoren hängen zum Großteil von der Arbeitsweise der jeweiligen Person ab. Jeder muss die Störfaktoren im Beruf für sich selbst ausfindig machen, um alles in seiner Macht Stehende für ihre Beseitigung zu tun. Notieren Sie von jetzt an alle Elemente, die Sie im täglichen Leben ablenken. Das ist wichtig, um die Faktoren erkennen und gegen sie angehen zu können.

Tatenlosigkeit

Neben schlechten Angewohnheiten wird der Mensch auch durch bestimmte Mechanismen passiv und ineffizient. Dabei handelt es sich um Probleme der Tatenlosigkeit. Der US-amerikanische Trainer und Berater Roger Moyson teilt sie in drei Arten ein, wobei jeder Mensch zumindest von einer der drei betroffen ist.

- **Hektik:** Dieser Zustand entsteht, wenn die Aufmerksamkeit durch gerade ablaufende Tätigkeiten schnell – manchmal auch unnötig – von fixierten Zielen abgelenkt wird, was den Arbeitsrhythmus verlangsamt. Personen, die hektisch reagieren, wollen anderen, und vor allem auch sich selbst, beweisen, dass sie viel arbeiten. Allerdings ist es wahrscheinlicher, dass sie ihre Arbeit nicht rechtzeitig erledigen können, wenn sie hektisch hin- und her laufen, anstatt sich hinzusetzen und in Ruhe eine Aufgabe abzuschließen.
- **Überanpassung:** Diese Störung tritt auf, wenn eine Person um jeden Preis gefallen will. Sie macht das, wovon sie glaubt, dass es von ihr erwartet wird, ohne über die Sinnhaftigkeit der jeweiligen Tätigkeit nachzudenken. Sie

passt ihre Arbeit an die Erwartungen des Chefs oder des Kunden an und verliert dabei das eigentliche Ziel der zu erledigenden Aufgaben aus den Augen.

- **Handlungsunfähigkeit:** Dieses Problem haben vor allem Personen, die leicht von ihren Emotionen überwältigt werden und dazu tendieren, auf zu erledigende Arbeit und Stress mit Panikattacken, Viktimisierung oder Wut zu reagieren. Sie sind durch ihre Emotionen unfähig, sich auf die jeweilige Aufgabe zu konzentrieren.

Sie können sich nicht zur Gänze von solchen Störungen befreien, da sie Ihre Art, mit Handlungen und Stress umzugehen, kennzeichnen. Allerdings können Sie ihnen entgegenwirken, indem Sie sich selbst besser kennenlernen und mehr auf Ihr Verhalten achten.

Gesetze der Zeitorganisation

Einige Theorien können Ihnen beim Zeitmanagement eine große Hilfe sein:

- **Parkinson'sches Gesetz:** Diesem Gesetz zufolge braucht man für die Arbeit tendenziell immer die gesamte Zeit, die man dafür veranschlagt hat. Je mehr Zeit man für die Erledigung einer Arbeit hat, umso mehr Zeit wird für sie benötigt. Das ist der Fall bei Akten, die man mit nachhause nimmt, um am Wochenende ein paar Stunden lang an ihnen zu arbeiten, was im Endeffekt die gesamte Zeit beansprucht. Um dieser Falle aus dem Weg zu gehen, sollten Sie sich selbst Fristen setzen. Das Ziel ist nicht der Wettlauf mit der Uhr, sondern herauszufinden, wie viel Zeit Sie wirklich für die Arbeit brauchen und die selbstgewählte Frist einzuhalten, um später mit etwas anderem weitermachen zu können.

- **Dringlichkeitsgesetz:** Diesem Gesetz zufolge ist man weniger effizient und verliert tendenziell seine Prioritäten aus den Augen, wenn man die Hälfte seiner Arbeitszeit dringend zu erledigenden Aufgaben widmet. Es fehlt einem dann an Abstand, um über die Arbeit und ihre Organisation nachzudenken. Dieser Zustand ist ein Teufelskreis, aus dem man nur schwer ausbrechen kann. Arbeitsplanung ist wichtig, damit man nicht immer dringende Aufgaben erledigen muss, permanent im Stress ist und das Gefühl hat, alles einfach nur hinzunehmen.

Wenn man immer nur Aufgabe nach Aufgabe erledigt, ohne ein Ende zu sehen, kann das zu Erschöpfung oder gar Burn-out führen.

Gesetze der Zeitverwendung

Dabei geht es darum, wie man seine Arbeitszeit effektiv für zu erledigende Aufgaben und entsprechend seiner Arbeitsweise nutzen kann.

- **Carlson-Gesetz:** Es erklärt, dass das Gehirn Zeit braucht, um angesichts einer komplexen Aufgabe aktiv zu werden. Man muss sich sehr stark konzentrieren, um einen Bericht zu schreiben, etwas zu korrigieren oder sich etwas zu merken. Wenn man ständig vom Telefon, einem Kollegen, oder einem Freund unterbrochen wird bzw. versucht, eine andere Aufgabe gleichzeitig zu machen, wird das Ergebnis nicht zufriedenstellend ausfallen. Einigen Studien zufolge neigt man nach fünf oder sechs Unterbrechungen sogar dazu, die Aufgabe auf einen unbestimmten Zeitpunkt zu verschieben. Für ein optimales Ergebnis muss man sich daher auf irgendeine Art und Weise zurückziehen, um der jeweiligen Aufgabe seine volle Konzentration widmen zu können.

- **Gesetz der Kreisläufe:** Dieses Gesetz besagt, dass jede Handlung einen Anfang und ein Ende hat und dass man sich zur effizienten Nutzung seiner Arbeitszeit am besten immer nur einer Aufgabe widmet, anstatt zehn auf einmal machen zu wollen. Diese Arbeitsweise ermöglicht eine umfassendere Sichtweise auf die durchzuführenden Handlungen und man kann sich dadurch besser auf das finale Ziel konzentrieren. Außerdem hat jede Person dem Gesetz zufolge ihres Charakters entsprechend mehr oder weniger Schwierigkeiten bei der Steuerung unterschiedlicher Handlungsphasen. Manche haben Probleme mit der Arbeit zu beginnen und prokrastinieren gerne; wiederum andere sind Perfektionisten und können die ihnen zugeteilte Aufgabe nicht abschließen, weil sie immer ein verbesserungswürdiges Detail finden. Es ist wichtig, dass jeder für sich selbst erkennt, was er an sich verbessern sollte. Entsprechend der Handlungsphasen, die Ihnen Probleme bereiten, können Sie sich daher folgende Fragen stellen:

Gesetz der Kreisläufe

Vor dem Beginn	Durchführung der Aufgabe	Abschluss
Wissen Sie, was Sie zu tun haben (Beschreibung der Aufgabe und des Ziels)?	Verwenden Sie die richtige Arbeitsmethode?	Haben Sie das/die gesetzte/n Ziel/e erreicht?
Wissen Sie, wo Sie anfangen sollen?	Wissen Sie, welches Ziel mit dieser Aufgabe verfolgt wird?	Sind Sie perfektionistisch, neigen Sie dazu, mehr zu machen als nötig?
Haben Sie alles Wesentliche griffbereit?	Haben Sie sich genaue zeitliche Fristen gesetzt?	Neigen Sie dazu, nachlässig zu arbeiten?
Haben Sie einen Nutzen von der Aufgabe und dem verfolgten Ziel (Motivation)?	Schaffen Sie es, sich an Ihre Planung zu halten (Selbstdisziplin)?	…
Haben Sie eine Aufgabe definiert, auf die Sie sich einzig und allein konzentrieren?	…	

- **Chronobiologie:** Sie hilft dabei, die Arbeitslast unter Berücksichtigung des Biorhythmus aufzuteilen. Jeder kennt die Ausdrücke „Morgenmensch" oder „Nachteule". Um effizient zu arbeiten, sollte man sich selbst gut kennen, um schwierige Aufgaben für den richtigen Moment einzuplanen. Dafür muss eine ganze Reihe an inneren und äußeren

Faktoren berücksichtigt werden. Ein Beispiel für innere Faktoren kann Ihr Biorhythmus sein. Vielleicht stellen Sie fest, dass die Zeit nach dem Mittagessen nicht besonders günstig für Ihre Konzentration ist, da Ihr Körper mehr Energie für die Verdauung braucht. Äußere Faktoren können sich beispielsweise darin äußern, dass manche zum Arbeiten ein helles Büro brauchen, während andere gedämpftes Licht bevorzugen oder eine Lichtquelle, die auf die zu bearbeitenden Dokumente gerichtet ist.

- **Ertragsgesetz:** Dieses Gesetz wird auch „Gesetz des sinkenden Grenzertrags" genannt. Es geht darum, dass man nach einer bestimmten Zeit der Konzentration auf eine Aufgabe immer mehr an Effizienz verliert. Daher sollten Sie regelmäßige Pausen einplanen und eine bestimmte Länge an täglicher Arbeitszeit nicht überschreiten. Im Allgemeinen wird eine 10-minütige Pause pro Stunde bei Aufgaben, die viel Konzentration erfordern, empfohlen. Dadurch können Sie etwas Abstand gewinnen und gleichzeitig ist die Pause kurz genug, damit Sie sich nicht ablenken lassen.

Motivation

Jede Veränderung für mehr Effizienz und Nachhaltigkeit sollte begründet sein. Ein Raucher hört nicht mit dem Rauchen auf, wenn er nicht von den Vorteilen überzeugt ist, die das mit sich bringt. Dasselbe gilt auch in diesem Fall. Es liegt an Ihnen, ob Sie Ihre Arbeitszeit absitzen oder aktiv nutzen. Sie sollten sich bewusst machen, was Sie mit einer guten Einteilung der zur Verfügung stehenden Zeit gewinnen. Die Motivation für die dann notwendigen Veränderungen entsteht durch diese Visualisierung der Vorteile.

Widerstand

Der Mensch ist von Natur aus gegen Veränderungen. Viele sind oft pessimistisch, haben Angst, die Situation zu verschlimmern und gute wie schlechte Gewohnheiten sind in der festen Überzeugung „Es ist so und nicht anders" verankert. Die Vorstellung von Veränderung stresst viele und sie bevorzugen daher die Rückkehr zur Routine, egal wie zeitintensiv sie auch sein mag.

Beispielsweise denken manche Studierende weiterhin, dass der Schlüssel zum Erfolg darin läge, acht bis zehn Stunden täglich über ihren Büchern zu sitzen, ohne ihre Lernmethode auch nur infrage zu stellen. Sie könnten jedoch in derselben Arbeitszeit bessere Ergebnisse erreichen, wenn sie die Zeit anders organisierten.

Für Veränderungen muss man sich trauen, sich selbst infrage zu stellen und Hemmungen, wie die Angst vor dem Unbekannten und den Hang zu beruhigenden Gewohnheiten, zu überwinden.

Ziele

Die Vorteile, die ein besseres Zeitmanagement mit sich bringt, zu erkennen und sich darauf zu konzentrieren ist der Schlüssel zur Veränderung seiner Gewohnheiten. Zu diesen Vorteilen zählen:

- mehr Entspannung in Berufs- und Privatleben durch eine bessere Zeiteinteilung zwischen Arbeit, Pausen und Freizeit bringen
- mehr Effizienz bei der Arbeit durch bessere Definition seiner Ziele und Prioritäten erreichen

- Arbeiten durch Priorisierung und Planung zeitnah abschließen
- mehr Professionalität durch Einhaltung von Deadlines und Flexibilität gegenüber unvorhergesehenen Ereignissen zeigen
- Zeitdruck vermindern

Ziele definieren

Um ein Ziel formulieren zu können, sollte man zunächst klar definieren und beschreiben, was man erreichen will. Benutzen Sie dafür das SMART-Konzept („smart" bedeutet im Englischen „intelligent") von Peter Drucker (1909-2005):

Ein Ziel definieren

S	spezifisch (**s**pecific)	Das Ziel sollte genau und präzise beschrieben werden.
M	messbar (**me**asurable)	Das Ziel muss so formuliert werden, dass es messbar ist und es muss angeben, was bereits geschehen und was noch zu tun ist.
A	erreichbar (**a**chievable)	Um erreichbar zu sein, müssen bei der Zielsetzung materielle und personelle Ressourcen berücksichtigt werden. Aber es muss auch eine Art Herausforderung darstellen, um zu motivieren. Um nicht den Mut bzw. das Interesse zu verlieren, sollte man weder nach den Sternen greifen wollen noch die Latte zu tief legen.
R	in Verbindung mit einem Projekt stehen (**r**ealistic)	Das Ziel sollte eine direkte Verbindung zur beruflichen Tätigkeit der Person aufweisen, die es erreichen möchte.
T	terminiert (**t**ime-bound)	Die Umsetzung des gesamten Projektes sollte durch Zwischenfristen und Deadlines fixiert werden, wodurch man die Dauer der einzelnen Aufgaben planen kann.

Wenn Sie Ihre Ziele festgelegt haben und dafür eine andere Planungstechnik verwendet haben, sollten Sie nicht vergessen, die Veränderungen zu erfassen, um zu sehen, ob sie zur Erreichung der Ziele beitragen oder nicht.

> Kein Wind ist demjenigen günstig, der nicht weiß, wohin er segeln will. Montaigne (1533-1592)

PRIORITÄTEN SETZEN UND PLANEN

Definition

Die Planung beinhaltet eine Liste von zu erledigenden Aufgaben, die in einem Terminkalender organisiert sind. Dadurch kann die vorhandene Zeit eingeteilt und der Weg zur Erreichung eines bestimmten Ziels vorgesehen werden.

Fokussieren Sie sich also auf ein Ziel, sammeln Sie die für seine Umsetzung notwendigen Aufgaben und organisieren Sie sie mithilfe eines Kalenders, wo Sie Deadlines und die notwendige Dauer für die verschiedenen Aufgaben eintragen können.

Prioritäten festlegen

- **Die Begriffe „Dringlichkeit" und „Wichtigkeit":** Um Ihre Arbeit besser einteilen zu können, sollten Sie erkennen, welche Aufgaben zuerst erledigt werden müssen, sie also zu priorisieren. Der Begriff „Priorität" bezeichnet eine Auswahl, die Ihren Zielen entsprechend getroffen wurde und die Ihnen hilft, Aufgaben zu definieren, die vor den anderen erledigt werden müssen. Dafür sollten zwei Kriterien berücksichtigt werden:

Dringlichkeit und Wichtigkeit. Dringlichkeit wird durch die Zeit definiert, die für die jeweilige Aufgabe zur Verfügung steht, Wichtigkeit ist verbunden mit der beruflichen Tätigkeit und den Werten des jeweiligen Unternehmens.

- General Eisenhower hat angeblich anlässlich der Landung in der Normandie ein Raster erstellt, um Probleme entsprechend ihrer Dringlichkeit und Wichtigkeit zu kategorisieren. Dabei entstand eine Matrix mit vier Feldern, anhand derer man vier Aufgabentypen bestimmen kann:

Prioritätentabelle

Dringende und wichtige Aufgaben	Wichtige und nicht dringende Aufgaben
sofort selbst und zuallererst zu erledigen	diese Aufgaben können warten und sollten in naher Zukunft eingeplant werden
Dringende, unwichtige Aufgaben	**Aufgaben, die weder dringend noch wichtig sind**
sind zweitrangig oder schnell zu delegieren	Aufgaben, die man möglicherweise nicht erledigen muss

Diese Kategorisierung von Aufgaben hilft, ihre Umsetzung unter Berücksichtigung der verfügbaren Zeit besser zu planen. Dringend zu erledigende Aufgaben gehen vor, wobei Sie auch deren Wichtigkeit beachten sollten.

- **ABC-Matrix:** Zur Festlegung Ihrer Prioritäten entsprechend den beiden Begriffen können Sie auch die ABC-Matrix zu Hilfe nehmen, mit der Aufgaben in drei Kategorien eingeteilt werden können:

- A-Aufgaben: Diese Aufgaben sollten zuerst erledigt werden, wobei in der Reihenfolge von A1 nach A3 vorgegangen wird.
- B-Aufgaben: Sie sollten schnell erledigt werden und können auch an Mitarbeiter abgegeben werden.
- C-Aufgaben: Das sind so genannte „Routine-Aufgaben" – sie sind weniger dringend und können dann erledigt werden, wenn man Zeit hat, oder auch an andere abgegeben werden.

ABC-Matrix

	DRINGLICHKEIT		
	sehr dringend	dringend	am wenigsten dringend
sehr wichtig	A1	A3	B2
wichtig	A2	B1	B3
am unwichtigsten	C1	C2	C3

WICHTIGKEIT

Mithilfe dieser Matrix können Sie Ihre Aufgaben in der Reihenfolge ihrer Bedeutung notieren und sich dadurch auf das Wesentliche zur rechtzeitigen Erreichung Ihres Zieles konzentrieren.

- **Pareto-Prinzip:** Dieses Prinzip liefert eine andere Angabe an zu priorisierenden Aufgaben, um Ihre Effizienz bei der Arbeit zu erhöhen. In der Marketing-Welt ist es als 80-zu-20-Regel bekannt (20 % der Kunden bringen 80 % des Umsatzes). Es besagt, dass 20 % der Handlungen 80 % des Ertrags bringen und das 80 % der Aufgaben, die man erledigt, nur 20 % einbringen.
Nach dieser Logik gibt es Aufgaben, die gewinnbringender sind als andere. Stellen Sie daher die Effizienz Ihrer Tätigkeiten, die zur Erreichung Ihrer Ziele führen sollen, infrage und versuchen Sie weniger gewinnbringende Tätigkeiten zu beseitigen und Ihre Zeit rentabler und damit wichtigeren Tätigkeiten zu widmen.

Einen Handlungsplan entwickeln

Nachdem Sie Ihr Ziel und die Reihenfolge der Aufgaben festgelegt haben, sollten Sie einen Handlungsplan erstellen. Sie brauchen dafür nur einen Stift und Papier. Ihr Tages- oder Wochenplan sollte fünf Elemente aufweisen:

- **Tätigkeiten:** Listen Sie alle auf, denn alles, was nicht auf der Liste steht, könnte vergessen werden.
- **Prioritäten:** Bestimmen Sie ausgehend von der Liste der Tätigkeiten die wichtigen und dringenden Aufgaben.
- **Zeit:** Berücksichtigen Sie diesen essenziellen Faktor beim Aufstellen Ihres Plans. Versuchen Sie die notwendige Zeit für jede Tätigkeit möglichst realistisch abzuschätzen. Unterschätzen Sie das nicht! Denn, wenn Sie die selbstgewählten Fristen nicht einhalten können, kann das sehr schnell zu Entmutigung führen. Für die richtige Einschätzung des Faktors Zeit ist ein wenig Übung nötig. Denken Sie bei der Organisation Ihres Tagesablaufs auch an Ihren Biorhythmus. Wenn Sie wissen, dass Sie nach dem Mittagessen Konzentrationsschwierigkeiten haben, sollten Sie versuchen, in dieser Zeit weniger Konzentration erfordernde Tätigkeiten durchzuführen.
- **Unvorhergesehenes:** Es ist wichtig, flexibel in seiner Planung zu sein, um Stress zu reduzieren

und auf unvorhergesehene Ereignisse vorbe-
reitet zu sein. Sehen Sie dafür etwas Platz in
Ihrer Tagesplanung vor, damit durch sie kein
Stress entstehen kann.

- **Schlussfolgerung:** Wie für jede andere ausge-
führte Tätigkeit oder Veränderung ist es wich-
tig, die gemachten Erfahrungen zu erfassen.
Stellen Sie sich also die Frage, was Sie mit Ihrer
Planung erreicht haben und was Sie bei der
Umsetzung noch verbessern könnten.

TOP TIPPS

- Um sich in die richtige Richtung weiterzuentwickeln: Es ist nicht nur wichtig, die Arbeit richtig machen zu wollen, sondern vor allem sie auch gut zu machen. Fehler auszubessern ist eine zeitintensive und entmutigende Arbeit. Denken Sie kurz nach, um sich über das Ziel der Aufgabe klar zu werden – das kann Ihnen viel Zeit ersparen.
- Um die Motivation bei der Ankunft im Büro nicht zu verlieren: Es gibt nichts Deprimierenderes als in ein überfülltes Zimmer zu kommen, sich an seinen Schreibtisch zu setzen und an der Wand eine ganze Reihe an Klebezetteln zu sehen, die manchmal bereits mehrere Wochen lang dort kleben und auf all denen in Großbuchstaben „dringend" steht. Damit sich Ihre guten Vorsätze nicht gleich beim Betreten Ihres Büros in Luft auflösen, sollten Sie Ihren Arbeitsplatz aufräumen und angenehm gestalten. Halten Sie nur die für Ihre Arbeit wesentlichen Dinge griffbereit (Computer, Notizblock, Kalender, Ordner mit

den neuesten Dokumenten etc.) und schaffen Sie eine gute Arbeitsatmosphäre (Licht, Ruhe etc.).

- Um sich zu konzentrieren: Man verliert oft Zeit damit, Ereignisse vorzugreifen, sich zu stressen oder zu denken „ich werde nie rechtzeitig fertig werden". Seine Arbeit zu planen und Fristen festzulegen ist das beste Mittel, um diese Zweifel aus der Welt zu schaffen und nichts zu vergessen. Zur Umsetzung Ihrer Planung sollten Sie sich auf das „Hier und Jetzt" konzentrieren, auf zu erledigende Tätigkeiten, die im Vorhinein geplant wurden. Sie sollten sich selbst vertrauen und schrittweise vorgehen. Denken Sie nicht an den Ausnahmezustand, mit dem jeder manchmal konfrontiert ist.
- Um mit seiner Arbeitsweise voranzukommen: Um die beste Entscheidung in Bezug auf seine Arbeitsweise zu treffen, sollte man verschiedene testen und die Ergebnisse erfassen. Das ist wichtig und soll zu effektiven Veränderungen führen, denn es nutzt nichts, seine Gewohnheiten zu ändern, wenn sich dies als kontraproduktiv erweist.
- Um sich nicht zu überlasten: Für eine gute Zeiteinteilung sollten Sie zu erledigende

Aufgaben in Ihre Planung aufnehmen und organisieren. Sehen Sie außerdem etwas Zeit für unvorhergesehene Ereignisse vor, um sich davon nicht Ihren Elan und Ihre guten Vorsätze nehmen zu lassen. Sind die Ziele einmal klar definiert, sollten Sie auf deren Umsetzung achten – dazu ist einerseits Selbstdisziplin (sich an Zeiten und Deadlines halten) und andererseits die Fähigkeit, zu Kollegen und Vorgesetzten „nein" zu sagen sowie zu delegieren, notwendig. Eine negative Antwort soll nicht als einfache, kategorische Verweigerung wahrgenommen werden, sondern als mit Bedacht getroffene Entscheidung, damit man sich voll und ganz auf die zu erledigenden Aufgaben konzentrieren kann und sollte dementsprechend formuliert werden (z. B.: „Komm um 15 Uhr wieder, dann habe ich mehr Zeit für dich.", „Ich habe diese Woche keine Zeit mich um diese Aufgabe zu kümmern. Ich möchte gerne an dieser Aufgabe weiterarbeiten, die am Freitag abgeschlossen werden muss."). Sie sollten sich nicht an einer Reihe von zusätzlichen Aufgaben verlieren, die Sie davon abhalten, Ihre eigenen Projekte abzuschließen – diese haben Vorrang.

FAQ

WIE KANN MAN ZEITINTENSIVE GEWOHNHEITEN ABLEGEN?

Jeder Mensch ist mehr oder weniger stark den „Zeitdieben" unterworfen, für die man, ob aus Gewohnheit oder weil man denkt, dass es sich um eine Pflicht handelt, wertvolle Zeit verschwendet. Ans ständig klingelnde Telefon zu gehen, das einen von der Arbeit an einem Bericht abhält, permanent auf E-Mails zu antworten oder auch mangelnde Organisation führen zu einem chaotischen Tagesablauf.

Mit den folgenden vier Schritten können Sie Veränderungen schaffen.

- Am wichtigsten ist, die Zeitdiebe zu erkennen. Schreiben Sie alles auf, wovon Sie glauben, dass es Ihnen Zeit raubt oder Sie von der Arbeit abhält. Möglicherweise können Sie nicht alle Elemente auf einmal sammeln, daher sollten Sie darauf achten und die Liste nach und nach vervollständigen.

- Ist die Liste einigermaßen komplett, sollten Sie die Elemente in der Reihenfolge ihrer Bedeutung ordnen.
- Machen Sie danach eine andere Liste mit zwei Spalten, um auf der einen Seite die Probleme zu erfassen, die sie mit sich bringen und auf der anderen ihren Nutzen.
- Beantworten Sie zwei Fragen:
  - Welche Hindernisse kann ich überwinden?
  - Mit welcher Methode?
- Wenn Sie Ihre Vorgehensweise festgelegt haben, sollten Sie sich auf die positiven Aspekte konzentrieren, die Sie aus diesen Veränderungen ziehen können und mit diesem Vorgehen weitermachen. Arbeiten Sie die Liste Punkt für Punkt ab und seien Sie streng zu sich selbst. Treffen Sie täglich eine Entscheidung, die Ihnen hilft, Ihren Berufsalltag besser zu organisieren.

WIE KANN MAN SEINE AUFGABEN PLANEN?

Bei der Erstellung Ihrer Planung geht es darum, die aufgelisteten Tätigkeiten zu organisieren. Dabei sollten Sie die folgenden fünf Regeln beachten:

- Organisieren Sie die Aufgaben in der Reihenfolge ihrer Priorität, das heißt entsprechend ihrer Wichtigkeit und Dringlichkeit. Schreiben Sie im Vorhinein mit roter Farbe die einzuhaltenden Fristen in Ihren Kalender.

- Erfassen Sie die für die jeweiligen Aufgaben notwendige Dauer mit Anfangs- und Endzeit sowie das in den einzelnen Arbeitszeiträumen zu erreichende Ziel. Es ist nicht immer leicht zu definieren, wie viel Zeit man für die verschiedenen Aufgaben braucht, vor allem, wenn man neu in seinem Job ist, aber man lernt es mit der Zeit.

- Es ist motivierender und meist auch effektiver, sich nur zwei oder drei Aufgaben gleichzeitig zuzuwenden und sie abzuschließen, als zeitgleich zahlreiche Arbeiten zu beginnen, ohne auch nur eine davon abschließen zu können. Versuchen Sie Ihre Planung in Kreisläufe einzuteilen: Machen Sie eine Aufgabe fertig, bevor Sie mit einer anderen beginnen.

- Berücksichtigen Sie Ihren Biorhythmus bei der Einteilung der täglichen Aufgaben. Wenn Sie wissen, dass Sie zwischen 13 und 15 Uhr nicht besonders konzentrationsfähig sind, sollten Sie keine Arbeiten für diese Zeit einplanen, die

ein hohes Maß an Konzentration erfordern.
- Damit Sie den Spaß an der Arbeit nicht verlieren, sollten Sie abwechselnd Aufgaben, die Sie nicht mögen mit solchen, die Sie gerne machen, einplanen.

WIE KANN MAN PRIORITÄTEN SETZEN?

Um mit einer Aufgabe zu beginnen, muss man sich davor ein Ziel gesetzt haben und wissen, wohin man will. Wenn man beispielsweise ein Meeting plant, um über Modalitäten für die Umsetzung eines neuen Marketingprojektes zu entscheiden, sollte eine der wichtigsten Aufgaben darin bestehen, eine genaue Tagesordnung oder das Ziel des Meetings festzulegen. Eine andere Priorität ist die Einladung der Teilnehmenden und die Festlegung eines Datums und Orts für das Meeting. Eine sekundäre Aufgabe, die weniger dringend und wichtig ist, besteht darin, Kaffee für das Meeting zu organisieren. Diese könnte daher leicht an jemand anderen abgegeben werden.

Nachdem Sie Ihr Ziel und die zur Umsetzung notwendigen Aufgaben definiert haben, ist es wichtig, die Aufgaben entsprechend ihrer Bedeutung und Dringlichkeit zu ordnen. Wenn Sie damit beginnen, Kaffee vorzubereiten, ohne zu wissen, wann das Meeting beginnt und wie viele Personen anwesend sein werden, verschwenden Sie nur Ihre Zeit.

WIE KANN MAN SEINEN KALENDER ORGANISIEREN?

Der Kalender ist ein wichtiges Utensil, das man immer griffbereit halten sollte. Dieses Hilfsmittel – ob digital oder in Papierform – ist essenziell für Ihre gesamte Organisation. Sie können damit die Aufgaben für den nächsten Tag planen, aber auch über die erledigte Arbeit reflektieren und eine kritische Sichtweise gegenüber Ihrer Arbeitsweise und Ihrem Zeitmanagement einnehmen.

Ihr Kalender könnte wie folgt aussehen:

- Kalender für Meetings, Fristen und Urlaube
- To-do-Liste für zu erledigende Aufgaben mit ihren Fristen
- Seiten zur Wochen- oder Tagesplanung von Aufgaben

- zusätzliche Seiten für nützliche Informationen wie Adressen und Telefonnummern
- Notizblock zum Notieren von Ideen und Erfahrungen – halten Sie einen Teil Ihres Kalenders dafür frei, um jederzeit darauf zurückgreifen zu können, anstatt diese Informationen auf eigenen Blättern zu notieren

Benutzen Sie Ihren Kalender als Hilfsmittel, denn er wird sich schnell als sehr nützlich erweisen, um Ihre Zeit und Arbeit besser kontrollieren, sowie alles Wichtige notieren zu können und so nichts zu vergessen.

WIE SCHAFFT MAN ES, NICHT IMMER ALLES AUF DEN NÄCHSTEN TAG ZU VERSCHIEBEN?

Setzen Sie sich anhand zu erreichender Ergebnisse klare Ziele in einem bestimmten Zeitraum, um der Prokrastination entgegenzuwirken. Motivieren Sie sich zur Einhaltung Ihrer Planung, indem Sie an die Vorteile denken, die das rechtzeitige Erreichen Ihrer Ziele mit sich bringt: Zeit zu haben für eine wichtige Akte, die Sie schnellstmöglich bearbeiten wollen; Feierabend machen zu können, ohne Arbeit mit nachhause nehmen zu müssen etc.

Zusatzinformation: die **TIC-TOC-Methode**

Wenn man keine Motivation hat, ist man von TIC-Gedanken (*Task Inhibitting Coginitions* – Gedanken, die Handlungen hemmen) beherrscht. Die Arbeit erscheint einem schwer und unnötig. Diese negative Energie lässt einen die Arbeit auf später verschieben.

Um Prokrastination zu vermeiden, muss man auf TOC-Gedanken (*Task Oriented Cognitions* – handlungsorientierte Gedanken) zurückgreifen, indem man an die Vorteile denkt, die einem sofortiges Handeln bringen kann: „Wenn ich sie gleich mache, bin ich sie los". Diese Geisteshaltung macht die Aufgabe zwar nicht weniger unnötig oder mühsam, sie macht aber zumindest Lust, voranzukommen und seine Pflichten zu erledigen, wodurch man schneller handelt.

WIE KANN MAN RICHTIG DELEGIEREN?

„Was man selbst macht, macht man besser." Zumindest glauben das viele. Das Ergebnis ist ein riesiger Stapel an dringenden Akten auf dem Schreibtisch und man erledigt oft Aufgaben, für die man nicht qualifiziert ist, mit der Ausrede, dass sie wichtig für das Arbeitsziel sind.

Um delegieren zu können, sollten Sie sich zum einen im Klaren darüber sein, dass Sie nichts davon haben, sich mit Arbeit zu überlasten, und zum anderen Vertrauen in das Team und die Kollegen haben, denen Sie Ihr Know-how bei der Umsetzung bestimmter Aufgaben zur Verfügung stellen und die das ebenfalls für Sie tun können. Ein Kollege, der mehr über die Benutzung eines IT-Werkzeuges weiß, kann ein viel besseres Ergebnis bei der Erstellung des Web-Supports liefern, während jemand, der gut in schriftlicher Kommunikation ist, schneller auf E-Mails antworten oder einen Bericht über ein Meeting verfassen kann.

Das Delegieren bestimmter Aufgaben ist anzustreben, da man dadurch wertvolle Zeit gewinnen kann und mit dem Ausschöpfen der Kompetenzen und Vorteile der Mitarbeiter qualitativ hochwertige Arbeit leisten kann.

WIE KANN MAN NACH FEIERABEND ABSCHALTEN?

Die steigende Anzahl an Burn-outs zeigt, wie wichtig es ist, Grenzen zu setzen. Aber in der heutigen Gesellschaft verlangt die Trennung von Berufs- und Privatleben oft sehr viel Disziplin.

Stellen Sie sich folgende Frage: Wie viel Zeit Ihrer Abende und Wochenenden verbringen Sie mit Arbeit oder dem Nachdenken und Sprechen über Ereignisse aus dem Büro? Widmen Sie ihr zu viel Zeit? Sie wollen am Wochenende nicht mehr über die vergangene Arbeitswoche oder die Arbeit, die Sie am Montag erwartet, nachdenken?

Eine Grenze zu ziehen ist immer schwierig und manchmal sogar unmöglich. Allerdings finden Sie hier drei Ratschläge, die Ihnen dabei helfen können:

- Schalten Sie im Rahmen des Möglichen alle elektronischen Geräte, durch die Sie mit Ihrem

Unternehmen verbunden sind, aus. Kann Ihr Chef denn wirklich verlangen, dass Sie bis 21 Uhr auf E-Mails antworten?

- Finden Sie ein Ritual, welches Sie täglich nach Büroschluss durchführen und das Ihnen dabei hilft, nach der Arbeit abzuschalten. Gehen Sie ein Stück des Heimwegs zu Fuß; trinken Sie zuhause eine Tasse Kaffee oder schauen Sie vor Feierabend noch einmal in Ihren Kalender, um sicher zu gehen, dass Sie alles für den nächsten Tag vorbereitet haben.

- Halten Sie durch! Sie können diese kleine Stimme im Hintergrund, die Sie daran erinnert, dass Sie diese oder jene Aufgabe noch nicht erledigt haben oder die Sie vorwarnt, dass die kommende Woche lang und anstrengend wird, nicht von einem auf den anderen Tag ausschalten. Das trifft auch auf Ihre Gesundheit und die Qualität Ihrer Arbeit zu: Ohne Ruhe- und Entspannungsphasen werden Sie es nicht schaffen, die notwendige Aufmerksamkeit bei der Arbeit aufzubringen und es kann passieren, dass Sie schnell demotiviert oder sogar ganz entmutigt werden.

JETZT SIND SIE GEFRAGT!

SELBSTANALYSE

Hier finden Sie eine kurze Liste, die Ihnen helfen soll, über Ihr Zeitmanagement nachzudenken. Antworten Sie schriftlich auf die Fragen.

- Glauben Sie, dass Sie Ihre Arbeitszeit optimal nutzen?
  - Wenn ja, welche Vorteile ziehen Sie daraus?
  - Wenn nein, auf welche Hindernisse treffen Sie?
- Haben Sie klar definierte berufliche Ziele?
- Können Sie die vorgegebenen Fristen einhalten?
- Haben Sie den Eindruck, bei der Arbeit regelmäßig unter Zugzwang zu stehen? Geben Sie konkrete Fälle an, die dafür verantwortlich sind.
- Haben Sie den Eindruck, bei der Arbeit oft abgelenkt oder unterbrochen zu werden? Wenn ja, sollten Sie eine Liste der Ablenkungen erstellen.

- Schaffen Sie es, sich nach der Arbeit wirklich zu entspannen? Wenn die Antwort „nein" ist – aus welchem Grund ist das so und wie könnte man das lösen?

ORGANISATIONSBLATT

Der belgische Ökonom Fathi Tlatli erklärte, dass Ziele und Prioritäten nur dann Sinn machen, wenn man die Mittel zu ihrer Erreichung bereitstellt und wenn diese Mittel aus freien Stücken eingesetzt werden.

Um Ihre Ziele zu erreichen und Ihre Prioritäten zu organisieren, brauchen Sie die dafür notwendigen Mittel. Das folgende Organisationsblatt wird Ihnen helfen, Ihr Projekt konkreter und erfassbarer zu machen. Definieren Sie zuerst Ihr Ziel mit einfachen Worten, setzen Sie eine Frist für seine Umsetzung (im jeweiligen Jahr, Monat oder der jeweiligen Woche entsprechend des festgelegten Ziels). Schreiben Sie anschließend die zur Erreichung des Ziels notwendigen Aufgaben auf, legen Sie die Dauer dieser sowie Fristen und ihre Reihenfolge fest.

Dieses Blatt sollte auch für jedes neue Projekt verwendet werden. Wenn Sie mit dieser

Planungsmethode arbeiten, können Sie die für die Umsetzung Ihres Ziels notwendige Zeit leichter erfassen und wichtige Aufgaben planen.

Organisationsblatt

WAS?	WIE?		
Sind die Tätigkeiten zielgerichtet und sinnvoll für die Erreichung des Ziels?	Effizienz der Methode?		
	20/80	I	II
	80/20	III	IV

DARÜBER HINAUS

LITERATURVERZEICHNIS

- Bellenger, Lionel; Couchaere, Marie-Josée: *Plus efficace et moins stressé. Le bien-être, clé de la performance.* ESF éditeur: Paris 2004.

- Cungi, Charly: *Savoir gérer son stress.* Éditions Retz: Paris 2006.

- Fontana, David: *Gérer le stress.* Mardaga: Liège 1990.

- Gamonnet, François: *Savoir mieux gérer son temps.* Éditions d'organisation: Paris 1982.

- Geisselhart, Roland; Hofmann, Christiane: *En finir avec le stress.* Ixelles éditions: Brüssel 2012.

- Latrobe, Daniel: *Gérer efficacement son temps et ses priorités. Concilier efficacité et bien-être.* De Boek Université: Brüssel 1998.

- Testu, François: *Chronopsychologie et rythmes scolaires.* Masson: Paris 1993.

- Tlatli, Fathi: *Gérer son temps efficacement. Pour mieux vivre et mieux réussir.* Anthemis: Louvain-la-Neuve 2007.

WEITERFÜHRENDE LITERATUR

- Mai, Jochen: „Deadlines: Abgabetermine sind dein Freund". *Job & Psychologie. Karrierbibel.de.* (16.04.2016). https://karrierebibel.de/deadline/ (09.05.2019).

- Mai, Jochen: „Zeitmanagement: Was Sie wirklich erfolgreicher macht". *Job & Psychologie. Karrierebibel.de.* (07.08.2016). https://karrierebibel.de/zeitmanagement/ (09.05.2019).

- Schimansky, Sophie: „Schluss mit schlechter Zeitplanung". *Zeitmanagement. Karriere. Zeit.de.* (10.09.2012). https://www.zeit.de/karriere/2012-08/zeitmanagement-stress/komplettansicht (09.05.2019).

MEHR AUF 50MINUTEN.DE

- Aussant, Isabelle: *Effiziente Arbeitsorganisation. Tipps für mehr Produktivität und weniger Prokrastination.* Aus dem Französischen von Leonie Kremer. Plurilingua Publishing: Brüssel 2019.

- Bronckart, Véronique: *Cleveres Delegieren. Methoden zum zeitsparenden Delegieren.* Aus dem Französischen von Leonie Kremer. Plurilingua Publishing: Brüssel 2019.

- Desprez, Karine: *Produktiver arbeiten. Tipps und Tricks zur Steigerung Ihrer Produktivität.* Aus dem Französischen von Julia Buchrieser. Plurilingua Publishing: Brüssel 2019.

Die präsentierten Inhalte werden vom Herausgeber überprüft, dennoch übernimmt dieser keine Haftung für die inhaltliche Richtigkeit, Vollständigkeit und Aktualität der vorgestellten Inhalte.

www.50Minuten.de

ISBN digitale Ausgabe: 9782808020220

ISBN gedruckte Ausgabe: 9782808020237

Pflichtexemplar: D/2019/12603/176

Cover: © Plurilingua

Digitale Aufbereitung: Primento, der digitale Partner der Herausgeber